Gabie

aux craies de couleur

1

Scénario de Joris Chamblain
Dessin et couleurs de Margo Renard

P'tite Margote

Merci à :
– Margo d'avoir donné une si jolie bouille à Gabie !
– Marjo d'avoir donné un si joli écrin à Gabie !
Et je dédie cet album au petit garçon qui badigeonne les murs de ma maison de mille et une couleurs.

Joris

À tous les petits artistes en herbe.
Un grand merci à Joris et Marjorie.

Margo

Kennes
Éditeur de coups de cœur

Retrouvez-nous sur www.kenneseditions.com

Rejoignez-nous sur notre page Facebook : www.facebook.com/KennesEditions

Suivez-nous sur notre compte Instagram : kenneseditions

P'tite Margote, une collection dirigée par Marjorie Chamblain

Première édition

Rue de la Blanche Borne 15
6280 Gerpinnes (Loverval) – Belgique

Dépôt légal : septembre 2021 | D/2021/13.105/141
ISBN 978-2-3807-5485-8 | NUART 74-1080-5

Imprimé en Belgique sur les presses de Delabie

PAR UN BEL APRÈS-MIDI DE JUILLET...
REGARDE, MON TOUTOU ! ON VA LES OFFRIR À MAMAN !
ELLE SERA DRÔLEMENT CONTENTE !
KAÏ !!!
!?!
MAMAN ! MAMAN ! ON VIENT DE VOIR UNE SOURIS VERTE ! TOUT PAREIL QUE DANS LA CHANSON !!
ÇA ALORS ! INCROYABLE !
VA AU GRENIER, MA CHÉRIE. JE SUIS CERTAINE QUE C'EST LÀ QU'ELLE VIT, NOTRE SOURIS VERTE...
AH OUI ? J'AI DROIT ?!
L'INSTANT D'APRÈS...
MAMIE A DIT AU GRENIER !
WAF !!
PETITE SOURIS ? TU ES LÀ ?

WOUAAAH ! L'ATELIER DE PEINTURE DE MAMIE !!!
OH ! REGARDE LE POT RENVERSÉ ! C'EST POUR ÇA QU'ELLE ÉTAIT VERTE, LA SOURIS !
SQUIIIIIIT !
?!
ATTENDS, P'TITE SOURIS ! ATTENDS !
WAF ! WAF !
ON DIRAIT QU'ELLE VOULAIT ME MONTRER ÇA ! C'EST QUOI, DEDANS ?
OOOH !!!

HI HI HI ! IL EST RIGOLO, CE PANDA !
GABIE ? AH ! TU ES LÀ !
ALORS COMME ÇA, TU AS TROUVÉ LES CRAIES, HEIN ?
C'EST LA SOURIS QUI ME LES A DONNÉES !
JE PEUX LES GARDER, DIS ? JE PEUX ?
D'ACCORD. MAIS AVANT QUE TU NE REPARTES, TU DOIS SAVOIR QU'AVEC CES CRAIES... BZZ BZZ BZZ...
WOUAH !!
PEU APRÈS, À L'HEURE DU DÉPART...
À BIENTÔT, LES ENFANTS !
AU REVOIR, MAMIE ! AU REVOIR, PAPI !
AU REVOIR, JOLI PANDA !!

VIENS, LOUPO ! ON VA ESSAYER LES CRAIES MAGIQUES DE MAMIE !
WAF !!
MMH... QU'ON EST BIEN DANS NOTRE NOUVEAU CHEZ-NOUS, TOUT BEAU, TOUT PROPRE !
D'APRÈS TOI, MON CHÉRI : OÙ EST-CE QU'UNE PETITE FILLE DE QUATRE ANS ET DEMI PEUT BIEN TESTER SES « CRAIES MAGIQUES » ?
OH NON !!!
LA TAPISSERIE TOUTE NEUVE !!
GABIE ! ATTENDS ! ATTENDS !
BEN TU SAIS QUOI, PAPA ? LE CADEAU DE MAMIE, JE L'ADORE !!!
ARGH !!
WAF !!
GABIE

GRMBL… C'EST MÊME PAS DRÔLE DE FROTTER, D'ABORD.
HÉ ?!
WAF !!
MAIS !?! VIENS LÀ QUE JE T'EFFACE, TOI !
JUSTE UN COUP D'ÉPONGE !!!
ALLEZ, QUOI !
GRWAF !!
GABIE, QUE SE PAAAAAAH !!
BEN… J'AI VOULU NETTOYER COMME TU M'AS DIT, MAMAN !
MAIS LES DESSINS, ILS ONT RIEN VOULU SAVOIR !
GRRR

UNE HEURE PLUS TARD...
MMH ?
BIEN...
PARFAIT !
T'AS VU, MAMAN ? J'AI TOUT BIEN NETTOYÉ COMME TU M'AS DIT !
ET LES DESSINS, Y SONT PLUS SUR LES MURS !
C'EST PARFAIT.
TU PEUX ALLER JOUER.

UN SI BEAU PAPIER PEINT... SNIF. SI BIEN POSÉ...
SCRRRIIITCH !!
FROUTCH !
FROUTCH !
TAP !
TAP !
TAP !
ET VOILÀ, GABIE ! UN TABLEAU TOUT BLANC RIEN QUE POUR TOI ! ET TU POURRAS Y DESSINER CE QUE TU VEUX !
OH, MERCI, MON PAPOU !!
UNE HEURE PLUS TARD...
ALORS, MA CHÉRIE ?
QU'AS-TU DESSINÉ DE BEAU, SUR TON NOUVEAU TABLEAU ?
JE TROUVAIS QUE ÇA FAISAIT PLUS JOLI COMME ÇA ! PAS TOI ?
...

JE NE DIS PAS QUE C'EST UNE MAUVAISE CHOSE, JE DIS JUSTE QU'IL Y A DES LIMITES. C'EST TOUT !
ELLE EXPRIME SA CRÉATIVITÉ.
JE TROUVE ÇA TRÈS SAIN POUR SON DÉVELOPPEMENT INTELLECTUEL ET ARTISTIQUE.
CERTES ! MAIS JE LUI AVAIS FABRIQUÉ UN TABLEAU POUR ÇA. ET DANS SA CHAMBRE, EN PLUS !
EH BIEN, ELLE A EU JUSTE ENVIE DE CHANGER DE SUPPORT, VOILÀ TOUT ! ET MOI, JE TROUVE ÇA TRÈS JOLI.
AH, MAIS JE NE REMETS PAS EN CAUSE L'ESTHÉTIQUE DE L'OEUVRE. JE TROUVE ÇA TRÈS BEAU, MOI AUSSI.
MAIS LÀ, JE TROUVE QU'ELLE EXAGÈRE UN PEU.
J'AI COMPRIS CE QUI NE VA PAS ! EN FAIT, TU ES JALOUX !
PARCE QU'ELLE L'A FAIT POUR MOI ! ET PAS POUR TOI !
PAS DU TOUT ! L'ATTENTION EST CHARMANTE, MAIS TOUT DE MÊME...
POUR MAMAN
Y A DES LIMITES !

ET VOILÀ ! J'AI FINI D'INSTALLER MON BUREAU ! JE VAIS POUVOIR ME REMETTRE À L'ÉCRITURE !
JE SUIS FIÈRE DE TOI ! ÉCRIS-NOUS DE BEAUX ROMANS DE SCIENCE-FICTION, MON CHÉRI !
NON. ÇA NE VA PAS. IL MANQUE QUELQUE CHOSE !
GABIE, TU PEUX VENIR UNE MINUTE ? J'AI UN PETIT SERVICE À TE DEMANDER !
?
UN PEU PLUS TARD...
VOILÀ, MON PAPOU ! RIEN QUE POUR TOI !
MERCI, MA CHÉRIE. C'EST PARFAIT !
TAP TAP

GABIE !!! DÉPÊCHE-TOI ! ON A DES COURSES À FAIRE !!
UNE MINUTE, MAMAN ! JE ME REGARDE DANS LE MIROIR !!
LE MIROIR ?! QUEL MIROIR ?!

KAÏ !!
GRRR !!!
GRRRWARF !!!
KAÏ !!
GRRRWOAR !!!
BONK

Regarde, Loupo ! Ces craies sont magiques elle a dit, Mamie !
Tu vois le dessin, là ? Il est normal !
Bwouf !
Et hop ! Magie !
TING
Waf !
CHTING
Dessin normal.
Waf !
CHTING
Et hop ! Magie !
TING
Dessin normal...
Bwaf !
Et hop ! MAAAAAAH !
Bon, ça suffit, maintenant !! C'est fatigant à la fin !!!
Kaï !!
??
Non mais !

Mouais... pas mal...
Mmh... la couleur est bizarre, non ?
Mpf. Ça existe vraiment, comme modèle ?
Oh ! Mais tu m'énerves, à la fin !
Tu n'aimes rien de ce que j'ai ramené du magasin !
Maiiiis si ! On va trouver !
Bah voilà ! Ça, j'adooore !
?

TAC
POUF
?

GABIE ?
C'EST L'HEURE
DU BAIIIIIN !
GABIE ?
!?!
!!
AH !
TE VOILÀ,
PETITE CHIPIE !!
ALLEZ, JEUNE FILLE !
AU BAIN !
MMMH !
CAFTEUSE !!

TOC TOC !
IL Y A QUELQU'UN ? HI HI HI !!
VA-T'EN ! T'ES QU'UNE RAPPORTEUSE, D'ABORD !
ALLONS, ALLONS ! TOUT ÇA POUR UN PEU D'EAU ET DE MOUSSE !
PAS DRÔLE.
BON, JE TE LAISSE TE LAVER. TU EN AS BIEN BESOIN ! ET FROTTE BIEN DERRIÈRE LES OREILLES, SURTOUT !
GRR !
FLOUSH !
AAAAH !!!
MPF ! PAS DRÔLE !
ALLONS, ALLONS ! TOUT ÇA POUR UN PEU D'EAU ET DE MOUSSE...

MAIS !?! QU'EST-CE QUE TU FAIS LÀ, TOI ??
BLBLBLBL ! TU M'ATTRAPERAS PAS-EU !!
VIENS LÀ ! C'EST PAS DU JEU !!!
HA ! HA ! HA !
REVIENS ! MÉCHANTE !
PLUS TARD...
AAAAH !!! CHÉRIE ! VIENS VOIR !
TA FILLE A ENCORE BARBOUILLÉ NOTRE MUR !
ELLE A SEULEMENT VOULU EXPRIMER SA CRÉATIVITÉ... UN ÉCHO DE L'ART DE SA GRAND-MÈRE !
AH OUI ? ET ÇA, TU L'EXPLIQUES COMMENT ? UN ÉCHO DE LA PRÉHISTOIRE ?

PLAF
OUI, TU ES CONSIGNÉE SUR TON TABOURET POUR RÉFLÉCHIR, JEUNE FILLE !
À TON ÂGE, NOUS NE FAISIONS PAS DE TELLES BÊTISES, NOUS !

Mmh ! Je suis très heureuse !
Et je ne vois pas qui pourrait gâcher cette belle journée !
Hello ! Tu m'as appelée ?
Hin ! Je savais que ça marcherait.
POP
J'ai envie qu'on soit copines, toutes les deux. Et j'ai un cadeau pour toi.
Pour moi ? Chouette ! Qu'est-ce que c'est, dis, qu'est-ce que c'est ?!
Ah ! C'est une surprise ! Suis-moi.
J'arrive ! J'arrive !
Alors ? On fait des méchancetés à Gabie ?
Et voilà ! Cadeau !
AAAAH !!
Allons, jeune fille ! Parlons un peu de toutes vos bêtises…

JE VAIS MONTRER
MON TRÈS BEAU
DINOSAURE
À MAMAN !
GNAP
BLAM
J'AI FAIT
UN SQUELETTE
TOUT PAREIL QU'AU
MUSÉUM, MAMAN !
TU VAS VOIR !
!
?

Gabie ! C'est l'heure du dodo, maintenant !
Mais ! J'ai pas sommeil-eu !
On ne discute pas !
Veux pas dormir, papa ! Les monstres vont me manger cette nuit !
Allons, ma chérie ! Tu as passé l'âge d'avoir peur des monstres !
Mais si, j'ai peur, moi...
Hum...
SCRITCH
SCRITCH
Oh ! Merci, mon papou ! Merci beaucoup !
Comme ça, les monstres n'auront qu'à bien se tenir !
Bonne nuit, ma chérie !
Bonne nuit, papou !
Bonne nuit, monsieur le troll !
GROUMPF !!

ROOOONFL...
RONFL... RONFL...
... ?
ROOOOONFL...
LOUPO ! ARRÊTE DE RONFLER ! TU M'EMPÊCHES DE DORMIR-EU !
... GRMBL ?
ROOOOOOONFL...
BAH !?! C'EST PAS TOI QUI RONFLES ??
BWOUF !
ROOOONFL
N'AIE... N'AIE PAS PEUR ! JE VAIS ALLUMER POUR VOIR !
KAÏ !
RONFL... RONFL...
TU PARLES D'UN GARDE DU CORPS !
?

MONSIEUR LE TROLL ! DEBOUT ! T'AS DU TRAVAIL ! IL Y A UN MONSTRE SOUS MON LIT !
KAÏ !
GRR !
CRONCH !
KRAK !
?
GROUMPF...
TU L'ENTENDS ? ATTRAPE-LE AVANT QU'IL NE ME CROQUE LES ORTEILS !
GROUMPF !
KLONK !
KROK !
MIOM !
GRONK ?
SLURP !
KAÏ !
GROU ?
GROUIIIIK ! HI HI HI ! GROUMPF !
CROC ! MIOM ! GRRRRIIIIII !
GRMBL...

ET VOILÀ, LOUPO ! UNE JOLIE PETITE FLEUR POUR DÉCORER LA MAISON !
IL FAUDRA BIEN L'ARROSER POUR QU'ELLE GRANDISSE !
WAF !
LOUPO ! GROS NIGAUD ! C'EST PAS COMME ÇA QU'ON ARROSE LES FLEURS !
BWOUF ?
BROLOM
OH ZUT ! IL VA PLEUVOIR ! IL FAUT RENTRER AVANT QU'ON SOIT TOUT MOUILLÉS !
ALLEZ, LES ENFANTS ! TOUT LE MONDE À L'INTÉRIEUR !
WOUF ! WOUF !
ON ARRIVE, MAMAN !
OH NON ! MA JOLIE FLEUR ! ELLE VA ÊTRE TOUT EFFACÉE À CAUSE DE LA PLUIE !
TANT PIS ! J'EN REDESSINERAI UNE PLUS GRANDE !
BWOUF !

FIOU ! QUEL TEMPS ! ON EST MIEUX CHEZ SOI BIEN AU CHAUD !
LOUPO ! TU VIENS ?
BWOUF ! WOUF !
!?!
SALUT, P'PA !
OUI, JE SAIS. C'EST NORMAL. SUIS-MOI.
!?!
TU LUI AS FABRIQUÉ UN JOLI TABLEAU, TU TE SOUVIENS ?
BEN OUI !
!!!
ALORS ELLE EN PROFITE !
AH ! LA CRÈME SOLAIRE !

Ah ! Tout ce bonheur, ça me fait chaud au coeur ! Pas vrai, Loupo ?
Bwouf !
?
De quoi parles-tu, Gabie ?
Oh, de rien... Viens, je vais te montrer !
Regarde comme cette petite fille vit un instant magique !
!!!
Une simple assiette de cookies et elle rayonne !
Et là ! Comme elle a l'air de se régaler !
Oh ! Et regarde comment elle câline sa maman ! C'est trop beau !
Elle a sans doute la plus merveilleuse des mamans ! Tu crois pas ?
Hum... Je crois surtout avoir compris le message.
Et pour le câlin, je suis sûre que c'est parce qu'il y a de grosses pépites de chocolat dedans !!!
Et c'est tout ?
Non ! Il y a de la noix de coco, aussi !!

ET VOILÀ ! TOUT CHAUDS !
GABIE, MA CHÉRIE ! JE T'AI FAIT DES COOKIES !
OH MERCI, MAMAN ! JE SUIS DEVANT LA TÉLÉ !
?
HIHIHI !!!
BAH !?! JE TE CROYAIS DEVANT LA TÉLÉ ?
BEN OUI !
...
IL Y A DES DESSINS ANIMÉS ! HA ! HA ! HA !

PFF
PFFF
PFRRRRRR...
ÇA VA ! ÇA VA ! J'AI COMPRIS !
VOIIIILÀ ! UNE BELLE ASSIETTE RIEN QUE POUR TOI !
TU AS VU, LOUPO ? MOI AUSSI, J'AI FAIT DES BONS COOKIES ! COMME MAMAN !
CRUNCH
MIOM

SNIF
WOUSHHH
?

TU VOIS, LOUPO, PARFOIS, LE BONHEUR NE TIENT PAS À GRAND-CHOSE ! N'EST-CE PAS, GABIE ?
HEIN ?
VIENS, MA CHÉRIE ! IL FAUT QUE TU VOIES ÇA !
?
REGARDE ÇA, SI CE N'EST PAS MERVEILLEUX !
!!
CETTE PETITE FILLE QUI RANGE BIEN SES PELUCHES À LEUR PLACE !
ET LÀ ! REGARDE COMME ELLE FAIT SI BIEN SON LIT !
OH, ICI ! COMME ELLE PLIE BIEN SES VÊTEMENTS !
ET REGARDE COMME SA MAMAN EST HEUREUSE D'AVOIR UNE PETITE FILLE SI ORDONNÉE, QUI RANGE SI BIEN SA CHAMBRE !
C'EST PARFOIS SI SIMPLE DE FAIRE PLAISIR À SA MAMAN. TU NE TROUVES PAS ?
GRMBL...
ET TOI, TU TE LAISSES FAIRE ?!
BEN, J'AI PAS EU LE CHOIX !

OH NON !
ON VA PAS POUVOIR
CAMPER À
LA BELLE ÉTOILE !
ZUT-EU !
BWOUF !
T'INQUIÈTE PAS,
MON GROS TOUTOU !
J'AI UNE IDÉE !
WOUF ?
D'ABORD,
LA TENTE !
DOÏNG !
ENSUITE,
ON FAIT PLEIN
D'ÉTOILES SUR
LE MUR ET...
WOUSHHH !
... ON
S'ÉCARTE !
KAÏ !
BONNE NUIT,
LOUPO !
BWOUF !

Oh !
Regarde, Loupo !
Les nuages, ils font
des bisous et ça fait
de la pluie !
C'est rigolo !
Wouf !
Eh ben
dis donc !
L'eau, elle monte
très vite !
Bwouf ?
WAAAAH !!!
Kaï !!!
WAAHOUUUUU !!!
ATTENTIOOOON !!!!
ACCROCHE-TOI,
LOUPO !!!
Kaï !!!
!!!
Pffiiou !
C'était
moins une !

REGARDE LÀ, LOUPO ! IL EST RIGOLO, CE CHIEN !
HI HI ! ON DIRAIT TOI !
WOUF !
ET LÀ ! REGARDE LA GIRAFE COMME ELLE EST BELLE !
OH ! ET ICI : UN VÉLO !
ET LÀ, UN NOUNOURS !!!
OH ! REGARDE ! UNE ÉTOILE FILANTE !!! VITE, LOUPO ! FAISONS UN VOEU !
GNNNIII !
LES ENFANTS ! DEBOUT ! J'AI FAIT DES CRÊPES POUR LE PETIT DÉJEUNER !
ÇA A MARCHÉ !!!
WOUF !

Elles étaient trop bonnes, les crêpes de maman !
BWOUF !
BROMEL BOM !
KAÏ !
AAAH !
BRRRRR !
Oh non ! Il va y avoir un orage !
Courez vite vous mettre à l'abri !
AAAH !
BRAOUM !
Pffiouuu ! Il n'est pas tombé loin, celui-là.
Grmbl...

Et là, regarde ! Tu te régalerais avec ce gros nonos, mon Loupo ! Pas vrai ?
Wouf !
Oh ! Regarde ! Une cigogne !!!
Mais alors !?!
Ça veut dire que je vais avoir un p'tit frère !!!
Bwouf ?
MAMAAAAN !!
Oh maman ! J'suis trop contente ! C'est super !!!
?
Gra !

C'EST MOIII ! Y A QUELQU'UUUUN ?
VOUS AVEZ RANGÉ TOUS LES CARTONS, C'EST SUP... !
BIENVENUE DANS MON ROYAUME, GENTE DAME !
VOICI MON CHÂTEAU !
WOUAAAH ! MAGNIFIQUE !
ATTENTION ! UN TERRIBLE DRAGON NOUS ATTAQUE !
BWOUF ?
HOULALA, OUI ! IL EST TERRIFIANT !
ET LA JOLIE PRINCESSE À DÉLIVRER, OÙ EST-ELLE ?
LÀ.
!!

Papi ! Mamie !
Hi ! Hi ! Bonjour, ma puce ! Nous venons enfin voir ta nouvelle maison !
Je vous fais visiter !
Après avoir fait le tour des pièces...
... Et ça, c'est ma chambre avec mon joli tableau !
Je vois que mes craies ont servi !
Tiens, ma chérie ! Papi et moi, on a un petit cadeau pour toi ! Pour demain.
Youpiiii !
Wouaaaah ! Des stylos de toutes les couleurs !
Merci, Mamie ! Et c'est quoi, leurs pouvoirs magiques ?!
Euh...
Le lendemain matin...
Bien ! Prenez tous votre stylo et une feuille de papier !
Pour cette rentrée scolaire, vous allez me montrer comment vous écrivez votre prénom !
Grmbl...

BON, ALLEZ !
SORS DE LÀ, MAINTENANT !
TU AS UN ROMAN À FINIR !
OOOH...
FIN